30 Jahre Abwehrforschung

Dr. Inez Gitzinger-Albrecht

30 Jahre AbwehrForschung

1984-2014

EIN FALLBERICHT ZU PSYCHOANALYTISCHER PSYCHOTHERAPIEFORSCHUNG

BIBLIOGRAFISCHE INFORMATION DER DEUTSCHEN NATIONALBIBLIOTHEK:
DIE DEUTSCHE NATIONALBIBLIOTHEK VERZEICHNET DIESE PUBLIKATION IN DER
DEUTSCHEN NATIONALBIBLIOGRAFIE; DETAILLIERTE BIBLIOGRAFISCHE DATEN SIND IM
INTERNET ÜBER HTTP://DNB.DNB.DE ABRUFBAR.

© 2014 DR. INEZ GITZINGER-ALBRECHT

ILLUSTRATION: **DR. INEZ GITZINGER-ALBRECHT**
ÜBERSETZUNG: **DR. INEZ GITZINGER-ALBRECHT**

HERSTELLUNG UND VERLAG: BOD – BOOKS ON DEMAND, NORDERSTEDT

ISBN: 978-3-**732295593**

Inhaltsverzeichnis

Vorwort

Vorwort

Anlässlich meiner 30jährigen Forschertätigkeit zum Thema Abwehr bzw. Abwehrmechanismen in der Psychotherapieforschung, wird es unerlässlich eine Übersicht über erzielte Ergebnisse zusammen zu fassen.

Psychologische Diskussionen zu Abwehrmechanismen stellen die bekanntesten Teile psychoanalytischer Denkweisen dar. Streitigkeiten über Klassifikation und Funktionsweisen tragen und trugen zu erheblichen Irritationen im Umgang mit diesen theoretischen Annahmen bei. Empirische Auseinandersetzungen sind nach wie vor äußerst schwer zu leisten. Handelt es sich bei Abwehrdiagnosen doch um psychoanalytisch delikate Generalisierungen, deren spezifische Individualität dabei verloren gehen kann.

In der folgenden Arbeit werden Untersuchungen zur Fragestellung hinsichtlich eingegrenzter Bereiche miteinander verglichen. Es wird die Frage gestellt, welchen Beitrag eine Abwehrforschung zu einer Psychoanalytischen Psychotherapieforschung leisten kann, wenn sie durch bestimmte Messinstrumente diese zu isolieren sucht. Was in diesem Zusammenhang die Realitätswahrnehmung, die Reife einer Person bedeuten und was Normen und damit auch Gender/Sex im Rahmen von Abwehrdiagnosen aussagen und wie sich die gefundenen Werte durch eine Psychotherapie verändern.

Statistisches Fundament zur Beantwortung dieser Fragenbereiche sind ausgewählte Datensätze, die von mir in mehreren psychosomatischen, stationären Einrichtungen erhoben wurden. Ich danke den Einrichtungen, die nicht genannt werden können. Und liebe Kolleginnen und Kollegen, ohne Eure Mithilfe ware garnichts gegangen. Theoretische Fundamente bildeten Auseinandersetzungen in den psychoanalytischen Instituten, hier vor allem dem PSF (Psychoanalytisches Seminar Freiburg, 1994), hier gilt mein Dank ganz besonders Herrn Dr. M. Rotmann und Frau Dr. E.Moersch sowie dem Psychologischen Institut der Universität Freiburg (1984-1992) und der Forschungsstelle für Psychotherapie, Stuttgart (1986-1992) hier besonders Herrn Prof. Dr. H. Enke und PD Dr. W. Ehlers, sowie dem University College, London (1996) hier Peter Fonagy für die "door stopper" Thematik.
Mein Dank gilt den vielen Kolleginnen und Kollegen, die durch ihre Unterstützung zum Gelingen der jeweiligen Vorhaben beigetragen haben. Ganz besonderer Dank geht an Prof. Dr. U.KRAGH und Prof. Dr. H.SJÖBECK, die mir zu Lebzeiten ihre Testergebnisse, sowie das Originalmaterial und Copy right zur Verfügung gestellt haben, das jetzt in

6

einem Banksafe ruht. Statistische Beratung war ausschlaggebend und hierfür danke ich ganz besonders Herrn Prof. Dr. J. Fahrenberg und Prof. Dr. Mischo, Universität Freiburg, die mich über viele Jahre begleitet haben.

Ganz besonders werden die jeweiligen Diplomarbeiten, bzw. Doktorarbeiten meiner von mir betreuten Studentinnen und Studenten (während meiner wissenschaftlichen Tätigkeit an der Universität Freiburg, Prof. Dr. Mischo und Universität Ulm, Prof. Dr. H. Kächele) berücksichtigt. Ohne diese wäre eine solche Zusammenfassung gar nicht möglich gewesen. Großer Dank geht daher an Dr. H. Buck (PD. Dr. R. Grabhorn und Prof. Dr. Overbeck, Frankfurt), Dr. R. Steybe (Ulm), Dipl. Psych. E. Hering (Tübingen), Dipl.Psych. P. Zorn (Freiburg), Dr. Etschmann (München).

Mein ganz besonderer Dank gilt den nahezu (500) PatientInnen, die sich zur Verfügung gestellt haben, den Vorwurf der 70iger/80iger Jahre zu entkräften, daß Psychoanalyse nicht wissenschaftlich sei. In dieser Auffassung stand meine Motivation sowie das ursprüngliche Interesse meiner Arbeit, einer nicht experimentellen psychoanalytischen Sichtweise, ein Instrument an die Hand zu geben, um diese Vorwürfe zu widerlegen. (Operationalisierung von Abwehrmechanismen).

Diskussionen finden daher auf dem Hintergrund psychoanalytischer und empirischer Auseinandersetzungen statt, auch wenn dies an die Quadratur des Kreises heranreicht.

Allen, die dazu beigetragen haben, dieses Werk gelingen zu lassen widme ich dieses Buch, ganz besonders meinem Mann, Prof. Dr.Dr. H.-J. Albrecht, für seine Geduld.

Dr. Inez Gitzinger-Albrecht, Dipl. Psych. Ph.D.,
Psychoanalytikerin
Freiburg i.Br., Germany, 2014

30Jahre Abwehrforschung (1984-2014)
Ein empirisch psychoanalytischer Fallbericht

I. Symptomatik und erster Eindruck

"I had a dream" : Psychoanalytische Therapie wird experimentell

nachweisbar und wissenschaftlich anerkannt...Wie alles begann

Krankheitssymptome: mangelnde Anerkennung der psychoanalytischen Therapiemethode durch die Krankenkassen in Deutschland, und damit kein Zugang zu qualitativ hochwertiger Therapie für weniger begüterte Teile der Gesellschaft. Ein politisch brisanter Stoff, der bereits von A. Mitscherlich in frühen Tagen konstatiert wurde, und ein empirisches Vorgehen geradezu heraus forderte.
Die Verbindung zwischen empirischer Forschung und psychoanalytischer Theoriebildung gelang durch das Konzept Abwehr, projektive Testmethoden (vgl. Rohrschachtest) und den Testergebnissen von U. Kragh und H. Sjöbeck aus Malmoe/Schweden (siehe unten).

1984 entwickelten wir (Gitzinger et al.,1984) unter der Leitung von Prof. Dr. J. Fahrenberg im Psychoanalytischen Institut der Universitat Freiburg eine erste Versuchsreihe zum Thema: Experimental Psychologie und DMT (Defense Mechanism Test). Wir experimentierten mit der Bildvorgabe hinsichtlich der s/w Bilder, getrennt nach Geschlecht, die uns von Kragh et al. zur Verfügung gestellt wurden. Wir entwarfen neue, eigene Bilder in s/w sowie neue Farbbilder und entwickelten bewegte Bilder für die Testreihe. Wir entschieden uns damals fuer einen Filmausschnitt aus "Wenn die Gondeln Trauer tragen", und dort für die bedrohliche Szene mit dem kleinen roten Zwerg. Versuchspersonen waren Studentinnen und Studenten des Psychologischen Institutes der Universität Freiburg i.Br. Die Arbeit blieb ein unveröffentlichter Bericht, der heute den Stellenwert einer Batchelorarbeit hat und mir immer noch vorliegt. Die Ergebnisse bildeten die Grundlage fuer alle kommenden Fragestellungen, wie Bildmaterial, Abwehr als Konstrukt, Abwehrmechanismen und deren Verteilung, etc. Kurz, den Grundstein für eine empirische Operationalisierung von Abwehrmechanismen.

Die Methode beklagte eine klare Definition von Abwehr und soziale Ängste hinsichtlich ihrer Anwendbarkeit. Ihr empirischer Zustand war zu dem damaligen Zeitpunkt desolat und bedrohlich. Sie bedurfte zunächst eines intensiven Aufbaus einer tragfähigen Beziehung, um

9

Dynamik und Symptomatik bewusst werden zu lassen. Wissen und Kreativität waren ausreichend vorhanden, damit dieses Unterfangen umsetzbar werden konnte.

Die psychische Entwicklung begann mit meinem Antrag und dessen Bewilligung bei der DFG (Deutsche Forschungsgemeinschaft) zu einer intensiveren Auseinandersetzung mit dem Konstrukt Abwehr und dessen Testmethoden. Mit der Unterstützung der Forschungsstelle für Psychotherapie, Stuttgart, unter der Leitung von Prof. Dr. H. Enke und mit Unterstützung von PD. Dr. W. Ehlers gelang eine empirisch-psychoanalytische Arbeit, deren Endergebnisse in meiner Dipl.Arbeit im Psychoanalytischen Institut Freiburg, 1988 veröffentlicht wurden (Gitzinger, I. 1988, Operationalisierung von Abwehrmechanismen DMT-SBAK-FPI-R).

II. Lebensdaten - geschichtliche Entwicklung

Abwehr als Konstrukt wurde zunächst versucht einzugrenzen und war das Kind von Vielen. Besonders in psychoanalytisch, theoretischen Auseinandersetzungen wurde diese Uneinigkeit deutlich, trotz A. Freuds theoretischer Niederschrift. Empirisch-wissenschaftlich gab es die Möglichkeit sog. Projektiver Tests und Fragebögen. Diese wurden auf der Grundlage spezifischer, theoretischer Überlegungen von mir zunächst miteinander verglichen.

ACT/DMT (Abwehrmechanismentest/Defensemechanismtest)
Beim ACT/DMT handelt es sich um eine projektive Testmethode. Es wird über ein Kontinuum von 0/14 msec bis 2000 msec immer das gleiche Bild dar geboten. Der Testtheoretische Hintergrund basiert auf dem Konstrukt der subliminalen Wahrnehmung, die besagt, dass es eine Wahrnehmung gibt, die vor der jeweiligen Bewusstseinsschwelle einer Person liegt. Die Darbietung fand zunächst durch einen eigens dafuer entwickelten Projektor statt (Tachistoskop), später durch eine Präsentation auf dem Monitor eines Computers (Gitzinger, I. 1990). Die Testperson zeichnete und erzählte möglichst gleichzeitig, was sie auf dem jeweiligen Bild zu sehen geglaubt hat. So entstanden Zeichnungen und verbale Protokolle (Mitschrift, später Tonbandprotokolle), die die Grundlage für die Einstufung der gezeigten Abwehrmechanismen bildeten. Diese Einstufungen wurden von mehreren, streng geschulten Ratern auf der Grundlage eines Manuals vorgenommen. In der Arbeit von 1988 (Gitzinger, I. 1988) werden Interraterrealiabilität und Ergebnisse für die Stichproben ausführlich dargestellt.

SBAK (Stuttgarter Bogen für Abwehrkategorien, Ehlers und Czogalik, 1984) war ein situativer Fragebogen, der eine bedrohliche Situation beschrieb und vorgab, die von der Testperson mit vorgegebenen Kategorien eingestuft werden musste.

FPI-R war die revidierte Form des Freiburg-Persoenlichkeitsinventars, das als Kontrollinstrument diente.

10

Die Ergebnisse zum Vergleich dieser Methoden finden sich in Gitzinger, I. 1988.

Als Hauptergebnis konnte deutlich herausgearbeitet werden , dass sich die projektive Testmethode, der ACT/DMT besonders zur Verfügung stellte, um die Fragestellung nach einer psychoanalytischen Psychotherapieforschung näher betrachten zu können. Die Entwicklung der Methode Operationalisierung von Abwehrmechanismen wurde von zwei Punkten getragen:

Zum einen, daß Abwehrdiagnosen "still up to date" sind in psychoanalytischer Theorie, und zum Anderen von der subliminalen Wahrnehmung als "the must", um Unbewusstes sichtbar machen zu können. (vgl. Gitzinger, I. 1989, Vortrag Amsterdam)

Auch experimentierten wir in der Forschungsstelle für Psychotherapie mit physiologischen Parametern, wie Schweiß und anderen Hautleitmessungen. Allerdings wurde schnell klar, daß diese Paramenter für einen späteren Zeitpunkt zurückgestellt werden mußten. Es überstieg einfach meine Kapazitäten. (Dank an Dr. D. Munz für seine diesbezügliche Hilfe.)

Aus den gesellschaftlichen Forderungen, Psychotherapie zu Evaluieren, entstand dann die Notwendigkeit, Veränderungen in therapeutischen Interventionen in den Mittelpunkt meiner Forschungen zu stellen. Aus den bisherigen Ergebnissen entwickelte sich die Studie92, die Abwehrprozesse und deren Relevanz fuer den Verlauf von psychoanalytischer Psychotherapie untersuchte. In (Gitzinger, I. 1993), der Studie92, konnte in einem Mehrebenen-Mehrpunkte-Ansatz nachgewiesen werden, dass bei der Operationalisierung von Abwehrmechanismen durch subliminale Wahrnehmung, Abwehrprozesse als prognostische Kriterien für Therapieerfolg verwendet werden können. In dieser Studie92 wurde der Frage nachgegangen, ob eine Mehrebenen-Forschung – punktuell und im Verlauf – eine befriedigende Antwort auf die Frage nach der Manfestation von Abwehrmechanismen vor, während und nach einer psychoanalytischen stationären Therapie geben kann. Der Hauptfragestellung, ob sich Abwehrmechanismen im Verlauf einer Therapie verändern und wenn ja, wie wurde in drei Zugängen entsprochen. Zum Einen Individuen orientiert auf Einzelfallebene, zum zweiten durch generalisierbare Aussagen einer Querschnittsuntersuchung (prä/post) und schliesslich durch das Aufzeigen interindividueller Unterschiede bei einer diffenzierenden Mehrebenendiagnostik.

Dieser Fragenkomplex konnte sowohl hypothesentestend als auch hypothesengenerierend untersucht werden.

Es wurde eine Patientengruppe von N=135 einer ausschliesslich psychoanalytisch orientierten Klinik in die empirische Studie, und zwar zu mehreren Zeitpunkten einbezogen. Bevor sie mit einer psychoanalytischen Behandlung begannen (prä), wenn die Behandlung abgeschlossen war, kurz vor Entlassung aus der Klinik (post) und bei 3 Einzelfällen im Verlauf der Therapie, nach der 3ten Therapiestunde und in einem Einzelfall zusätzlich zu einem katamnestischen Zeitpunkt (6 Wochen nach Entlassung aus der Klinik). Alle PatientInnen, deren mittleres Alter bei 33Jahren lag, waren stationär in die Klinik aufgenommen. Die Behandlungsdauer betrug für die Mehrheit der Patienten ca. 9 Monate. Drei Einzelfälle konnten in Zusammenarbeit mit den behandelnden Therapeuten während der therapeutischen Behandlung differentiell untersucht werden.

Das ganze Prozedere war ein gigantischer Kraftakt und ohne die Mithilfe Aller nicht zu schaffen gewesen. Für einen komplexen Zugang zur Fragestellung wurde für die Mehrebenendiagnose der Abwehrmanifestation ein Pyramiden-Modell entwickelt, das den theoretischen Annahmen zur Abwehrdiagnose entspricht. Diese theoretischen Annahmen betrafen Abwehrkonzepte auf der Konflikt-Konzept-Ebene, der Realitaets-Konzept-Ebene, der Gesundheits-Konzept-Ebene sowie auf der Codier-Konzept-Ebene. Selbst- und Fremdeinschätzungen wurden ebenso auf den unterschiedlichen Ebenen diagnostiziert. Linguistische und perzeptive Abwehrdiagnosen stellten die beiden tragenden Elemente der Veränderungsmessung dar. Ein weiterer Zugang zur Diagnose von Abwehrmechanismen war die detaillierte Auseinandersetzung mit der Beziehungsabwehr, der dyadischen Ebene, in einer therapeutischen Sitzung. Diese Analyse fand auf mehreren Ebenen statt: Fremdeinstufung der Abwehräusserungen nach jeder Stunde vonseiten des Therapeuten und Einstufung der Abwehr durch einen unabhängigen Beobachter aufgrund der transkribierten Therapieprotokolle jeder einzelnen Stunde! Dieser damals innovative Ansatz konnte in Einzelfällen durchgeführt werden und brachte vor allem praxisrelevante Ergebnisse für die einzelnen PatientInnen.
Als wichtiges Ergebnis der Studie92 wird angesehen, dass sowohl auf Einzelfallebene als auch in den einzelnen Subgruppen die Kombination beider Zugänge, sowohl der perzeptiven als auch der linguistischen Abwehrdiagnose, eine für die klinische Betrachtung wichtige Voraussetzung ist, um prognostische Aussagen zum Behandlungserfolg machen zu können.
Für die Mehrebenendiagnose zeigte sich, dass gruppenstatistische Aussagen zur Selbsteinschaetzung von Abwehrmechanismen von geringer Aussagekraft sind. Weder zwischen den einzelnen Ebenen, noch im Zusammenhang mit den diagnostizierten Persönlichkeitseigenschaften. In jedem diskutierten Einzelfall wurde deutlich, das eine Abwehr der Beziehung zum Therapeuten einhergeht mit einer Veränderung der Abwehrmechanismen und –organisation.
Die Frage nach der Schutzfunktion von Abwehr und deren Veranderung nach einer Therapie, kann als erwiesen betrachtet werden, wenn man sich auf die Betrachtung der Einzelfälle bezieht.
Auch zur Frage nach dem Zusammenhang von Gesundheit und Abwehräusserungen am Ende der Therapie lässt sich auf Einzelfallebene der Behandlungserfolg spiegeln in Anzahl, Verlauf und Organisation der Abwehrdiagnose, ganz besonders wenn die Einstufung der Wahrnehmung der Realität (Phasen im ACT)

hinzugezogen wird. Für die Veränderung der Abwehr in Zusammenhang mit Bewusstseinsniveau zeigen sich die deutlichsten Veränderungen im Bereich der unbewussten Abwehrdiagnosen.

In den Subgruppen lassen sich vor allem psychosomatische PatientInnen von neurotischen PatientInnen durch die Wahl der häufigsten Abwehr unterscheiden. Psychosomatische Patienten zeigten häufiger Abwehrmechanismen in den linguistischen Abwehrdiagnosen im Gegensatz zu neurotischen PatientInnen, die eher eine perzeptive Abwehrhäufung zeigten.

Die Abwehrmechanismen änderten sich am Ende der Therapie im Verhältnis zu den Mechanismen, die zu Beginn der Therapie diagnostiziert werden in Art und Häufigkeit. In den Einzelfällen zeigten sich deutliche Veränderungen der Abwehrausprägungen nach der 3ten Therapiesitzung.

Studie92 ergab folgendes zusammenfassendes Ergebnis:
In Abhängigkeit vom jeweils verwendeten diagnostischen Instrument sind Abwehrmechanismen und deren Verlauf im Rahmen therapeutischer Massnahmen, als prognostische Kriterien zur Beurteilung von Therapieerfolg geeignet.
Diese weiterführende Therapieforschung kann ausführlich nachgelesen werden in 1993, Gitzinger -Albrecht I. Mehrebenendiagnostik von Abwehrprozessen als eine Strategie der Psychotherapieforschung.

III. Emotionen und Dynamik

Dem emotionalen Anfangs-Zustand von Abwehr und Psychotherapieforschung lagen meine Motivation, meine Bewunderung für die Psychoanalyse und eine gesellschaftlich notwendige Evaluation zugrunde. Neidkonflikte provozierend: bei Forschern und Therapeuten, Nähe-Distanz-Ambivalenz und drohende soziale Isolierung wurden zu Anfangssymptomen der Arbeit.

Als es darum ging, die errungenen Ergebnisse des Mammutunternehmens in die Praxis zu tragen, sties dies auf grosse Ambivalenz und förderte fast (arbeits-) suizidale Tendenzen zum Vorschein:
In einem viel zu frühen Entwicklungsstadium der Präsentationen an die Macht drohten Wiederholungskonflikte, die in totaler Ablehnung mündeten.
1994, Gitzinger-Albrecht I., Psychoanalytische Psychotherapieforschung, Vortrag am PSF "Das habe mit Psychoanalyse nichts zu tun". Überlebt habe ich den Schaden durch

die wohlwollende Unterstützung von Frau Dr. Emma Moersch. Sie bleibt auch heute noch mein "Hero".
1996, Gitzinger-Albrecht,I.: Defense-Construct and adequate instruments. Vortrag am University College, London 14.8.1996. Dort kam es zu dem sogenannten "door-stopper argument": Psychoanalyse brauche keine solche empirische Forschung (Zitat, Peter Fonagy am 14.8.1996).
Mittlerweile haben wohl alle ihre Meinug gründlich geändert.

IV. Dynamik und emotionale Entwicklung

Ambivalenz von Ablehnung durch die Institutionen bis tiefer Neidproblematik der Kolleginnen und Kollegen steuerten meine Ergebnispräsentation erheblich.
Es folgten Vorträge in Yale, York, Vancouver und Sydney. Gefolgt von vielen Vorträgen in Deutschland. Meist zeichnete sich das gleiche Bild ab : handelte es sich um ein eher psychoanalytisches Publikum, wurde die empirische Vorgehensweise radikal abgelehnt. Handelte es sich eher um ein empirisch-universitäres Publikum wurde das psychoanalytische Abwehrkonzept stark angezweifelt.
Egal wie, ich fiel zwischen alle Stuehle und kam meist hart auf.

Meine Kraft weiter zu machen kam aus der Lehre, die Begeisterung und das Engagement der Studentinnen und Studentin färbte auf mich ab., jedenfalls wurde eine Qualitätssicherung stationärer Einrichtungen Pflicht und es entstand die Studie2000, die ich während meiner Taetigkeit an der Universität Ulm entworfen und geschrieben habe.
Hier wurde im modifizierten Solomon 4-Gruppenplan eine Analyse durchgeführt, um die Fragen für eine psychoanalytische Psychotherapieforschung durch mehrere stationäre Einrichtungen beantworten zu können und damit für Qualitaetssicherung zu sorgen. Stichprobendesign (weiter unten) S1 > N=70, S2 > N=135, S3 > N=111, S4 > N=76.
Im Anhang finden sich reichlich Schaubilder, die den/die neugierige/n Leser/in zu eigenen Schlussfolgerungen anregen können.

Prognostisch jedenfalls wurde deutlich, dass eine psychoanalytiche Psychotherapieforschung eigene Instrumente benötigt. Ein Design, das allen gerecht wird gibt es nicht, und ist letztlich den gleichen Schwierigkeiten unterworfen, die alle Psychotherapieforscher jeglicher Richtung durchlaufen müssen. Subliminale Wahrnehmung und neuropsychologische Erkenntnisse werden vielleicht etwas mehr Licht ins Dunkel bringen, denn das wäre die Studie gewesen, die hätte folgen sollte.

In den letzten Jahren habe ich mich intensiver psychoanalytischen Einzelfällen gewidmet, nicht zuletzt auch, um dem Abwehrkonzept von Induvidualität und Dyade besser entsprechen zu können.

V. Ausgewählte Abbildungen und Tabellen

Tab1. Interkorrelationsmatrix, die die Korrelationen wiedergibt, um die relative Unabhängigkeit des Abwehr-Ratings zu bestimmen.

Tab3.4.5. zeigen die Inter-Rater-Reliabilität

III. Design gibt Angaben zu den unterschiedlichen Stichproben

Abb.1,2a,2b gibt in Abhängigkeit der Zeit die Phasenhäufigkeit an. Diese Werte dienen zur späteren Einteilung in unbewußt, vorbewußt und bewußtseinsnahe Wahrnehmung der Bedrohung und damit den Stellenwert der Abwehr.

Abb.4a. gibt die Zusammenhänge zwischen Abwehr, Sex und Händigkeit wieder

Tab.8a Unterteilt die Abwehr nach Symptomgruppen zum Zeitpunkt der Aufnahme in die stationäre Einrichtung : 1gegen2, 1gegen3 und 2gegen3

Abb.14-16b listet die Abwehrkoefizienten nach Reife, Phasenzugehörigkeit , Sex, Alter und Diagnose auf.

Abb.19c zeigt die Mittelwerte der festgestellten Abwehr nach Geschlecht. Da die Stichprobengröße in beiden Gruppen vergleichbar ist, sind die geschlechtspezifischen Unterschied sehrgut interpretierbar.

Diese Tab. und Abb. wurden ausgewählt, da sie als Grundlage für das Design des Folgeantrages dienten. Der Folgeantrag Studie2004 sollte die Zusammenhänge zwischen unbewußter, vorbewußter, bewußtseinsnaher Abwehr (also den T- und C-Phasen im ACT) und noch näher zu bestimmenden neurologischen Kriterien herstellen. Leider wurde kein Geldgeber mehr gefunden.

16

Tabelle 1: **Interkorrelationsmatrix** $N_F = 76$

	VERD	ISO	VERL	REAK	IDEN	WEND	INTRO	MINT	PRO	REG
VERD	1.00	0.03	-0.18	-0.12	-0.22	0.19	0.18	-0.13	-0.16	-0.13
ISO	0.06	1.00	-0.04	0.01	0.07	0.41	-0.09	-0.06	0.03	0.23
VERL	-0.17	-0.04	1.00	0.50	0.12	-0.03	0.08	0.16	0.23	0.41
REAK	-0.10	0.00	0.50	1.00	0.22	-0.14	0.14	0.20	0.24	0.07
IDEN	-0.23	0.07	0.12	0.24	1.00	0.00	0.05	0.05	0.28	0.18
WEND	0.20	0.43	-0.46	-0.16	-0.04	1.00	0.06	-0.11	0.07	0.02
INTRO	0.16	-0.08	0.10	0.13	0.05	0.11	1.00	0.36	0.00	0.03
MINT	-0.12	-0.06	0.17	0.20	0.07	-0.08	0.37	1.00	-0.03	0.11
PRO	-0.16	0.03	0.22	0.29	0.29	0.12	0.00	-0.04	1.00	0.35
REG	-0.13	0.21	0.41	0.08	0.17	0.03	0.08	0.11	0.37	1.00

Tabelle 3 zeigt die Interraterreliabilität für fünf Rater pro Bild über die Anzahl der Abwehrzeichen sowie Phasenzuordnungen. Es bestehen 70% AZ-Übereinstimmungen und 80% Phasenkodierungs-Übereinstimmungen. Die Tabellen 4 und 5 ergänzen Interraterreliabilität und Paralleltestreliabilität.

Tabelle 3: Interraterreliabilität: 5 Rater/3 Protokolle/Station F

AZ Pro Bild	Pearson r Cut = < .40 (Nachbesprechung)
B1	.67**
B2	.90**
B3	.97**
B4	.99**
B5	.13
B6	.92 **
B7	.30
B8	.78**
B9	.79**
B10	.59**
B11	.95**
B12	.33
B13	.58**
B14	.36
B15	.19
B16	.43**
B17	.63**
B18	.50**
B19	.83**
B20	.29

AZ   = Abwehrzeichen   Gitzinger 2000
70% Übereinstimmung, Abwehrzeichen
80% Übereinstimmung, Phasencodierung   p: * = .05; p: ** = 0.01

Tabelle 4 zeigt die Interraterreliabilität für 10 Protokoll-Gesamtwerte bei 2 Ratern.

Tabelle 4: 2 Rater/10 Protokolle, Station X Interrater-Reliabilität

Protokoll	Pearson r	RangKorr/Horn
1	.91 **	.85 **
2	.83 **	.91 **
3	.97 **	.95 **
4	.92 **	1.00 **
5	.98 **	1.00 **
6	.95 **	.63 *
7	.63 *	.88 **
8	.97 **	.91 **
9	.66 *	.76 *
10	.99 **	.95 **

Legende: p: * = .05; p:** = .01

Tabellen 5a und b zeigen Paralleltestreliabilität 5 Rater/3 Protokolle/2 Stationen.

Tabelle 5a: Paralleltest-Reliabilität 5 Rater/3 Protokolle
pro Abwehrmechanismus, Station F

Verd	.38	Wend	1.00
Iso	.93	Intro	.50
Verl	.37	Mint	.76
Reak	.75	Pro	.80
Iden	.72	Reg	.81

Tabelle 5b: Paralleltest-Reliabilität 4 Rater/3 Protokolle
pro Abwehrmechanismus, Station U

Verd	.60	Wend	.77
Iso	.92	Intro	.87
Verl	.81	Mint	.85
Reak	.69	Pro	.23
Iden	.85	Reg	.30

Die Ergebnisse der Reliabilitätskontrollen für die ACT–Auswertung werden als sehr gut eingestuft.

III. Design

Die aufgeworfenen Fragestellungen werden wie folgt beantwortet werden:

Frage	Operationalisierung	statistische Methode	Stichprobe
Realität	Phasenkodierung	%-Werte+Ezfälle	S1, S2, S3, S4
Reife	Phasenhierarchie	Varianzen+Ezfälle	S1, S2, S3, S4
Normen	Hierarchie+Phasen	Varianzen+Ezfälle	S1, S2, S3, S4
Gender	Hierarchie*Phasen	Varianzen	S1, S2, S3, S4

1.0   Stichprobenbeschreibungen

Zum Vergleich kommen 4 verschiedene Stichproben

		Weiblich	Männlich
S1=psychosomatische Klinik	N= 70	N= 49	N= 21
S2=psychosomatische Klinik	N= 135	N= 87	N= 48
S3=psychosomatische Klinik	N= 111	N= 82	N= 29
S4=Tornadoflieger	N= 76	N= 0	N= 76
der Bundeswehr			

Gesamt
N=392

Da in der psychologischen Forschung Gesetzeshypothesen angestrebt werden, die auf Schlußfolgerungen aus Inferenzen oder Repräsentationsschlüssen beruhen, ist ein systematisch gewonnener Ausschnitt einer Population (Stichprobe) notwendig. Für gewöhnlich spricht man von Gelegenheitsstichprobe oder Gruppe, wenn ein solches Auswahlprinzip nicht möglich ist. Im Rahmen klinischer Studien ist es eher an der Tagesordnung, entweder sehr kleine, nach einem Diagnosekriterium homogenisierte Stichproben zu haben, oder etwas größere Stichproben in eher heterogener Zusammensetzung. Daher kann es sich bei klinischen Stichproben immer nur um Betrachtungen im quasi-experimentellen Design handeln.

Abb1

zeigt die T-Phasenhäufigkeit für die Gesamtheit der Stichprobe über zwei Bildserien in Meßwiederholung. Einem Individuum wurde hintereinander 2 Bilddarbietungen vorgegeben. Der höchste Gipfel ersten Erkennens der Bedrohung (=tphase) liegt in der ersten Serie (=erste Darbietung) bei b15 (=Bild 15=502msec). In der zweiten Serie, der Wiederholungserie bei b17. In beiden Serien tritt die Wahrnehmung der Realität also im letzten Drittel der Serie auf.

T-Phasen(=tphasen)=threshold=erstes Erkennen der Bedrohung
C-Phasen(=cphasen)=conclusion=Erkennen der Bedrohung ohne Abwehrzeichen

21

Abb.1: T-Phasenhäufigkeiten – Erstes Erkennen der Bedrohung

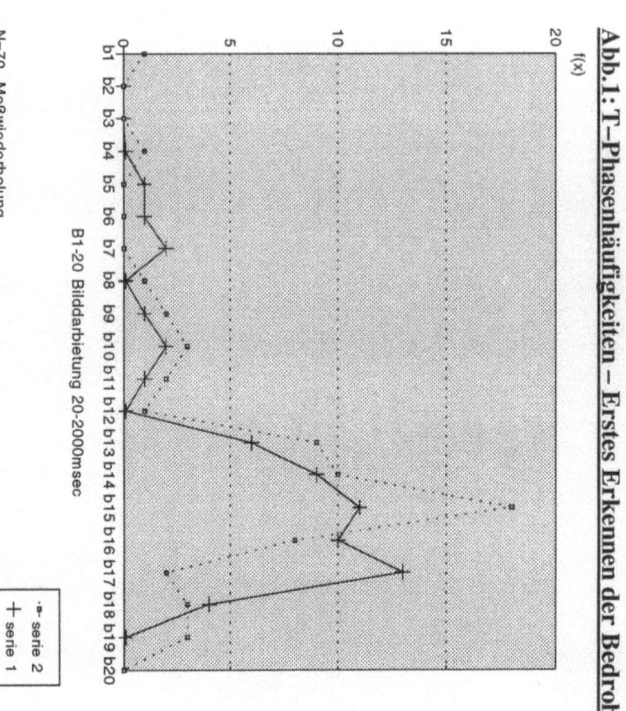

N=70, Meßwiederholung

Abb.2a: Phasenverteilung
Zeitkorrelationen

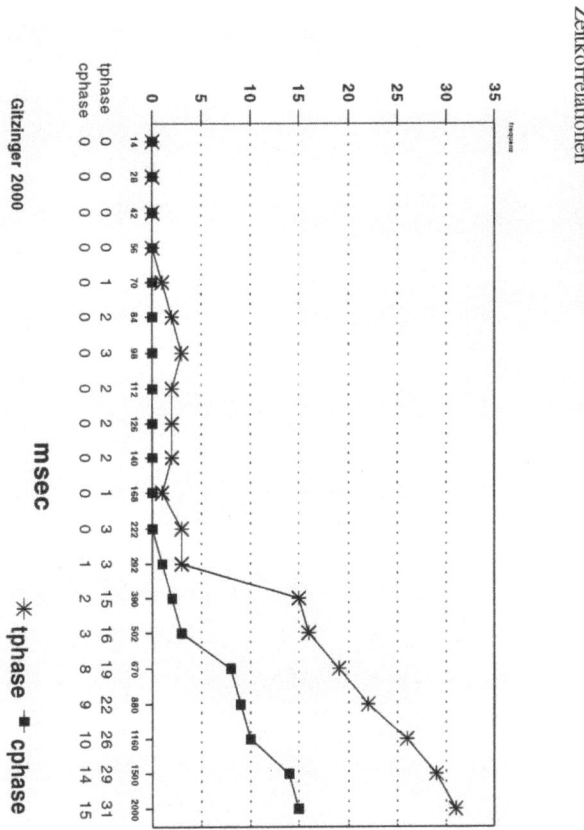

Gitzinger 2000

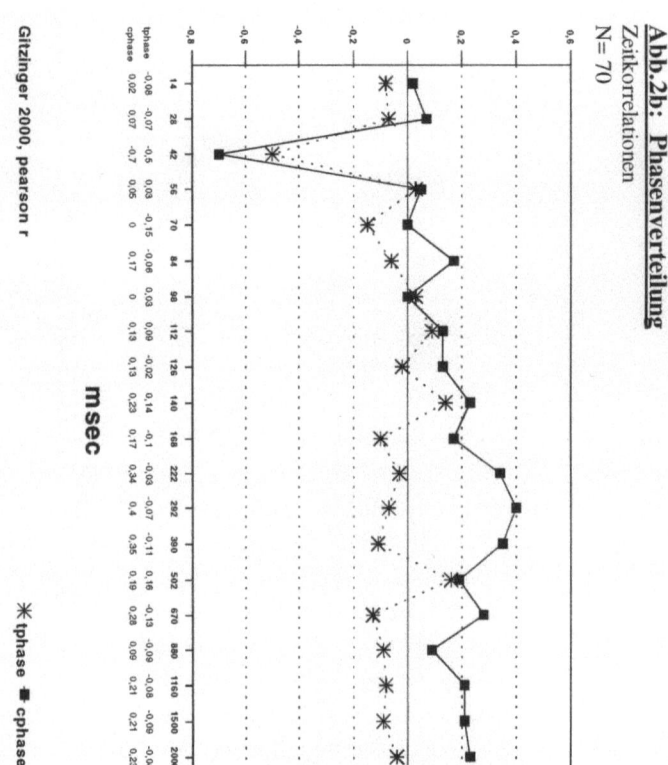

Abb.2b: Phasenverteilung
Zeitkorrelationen
N= 70

tphase	-0,06	-0,07	-0,5	0,03	-0,15	-0,06	0,03	0,09	-0,02	0,14	-0,1	-0,03	-0,07	-0,11	0,16	-0,13	-0,09	-0,08	-0,06	-0,04
cphase	0,02	0,07	-0,7	0,05	0	0,17	0,03	0,13	0,13	0,23	0,17	0,34	0,4	0,35	0,19	0,28	0,09	0,21	0,21	0,23
	14	28	42	56	70	84	98	112	126	140	168	222	282	390	502	670	880	1160	1500	2000

msec

Gitzinger 2000, pearson r

✳ tphase ■ cphase

24

schlüsselt den Korrelationskoeffizienten zwischen den Abwehrmechanismen, Geschlecht (sex) und Händigkeit (HD=links- bzw. rechtshändig) auf.

Abb.4a: Abwehr
Sex, Händigkeit
w= 49, m= 21, N=70

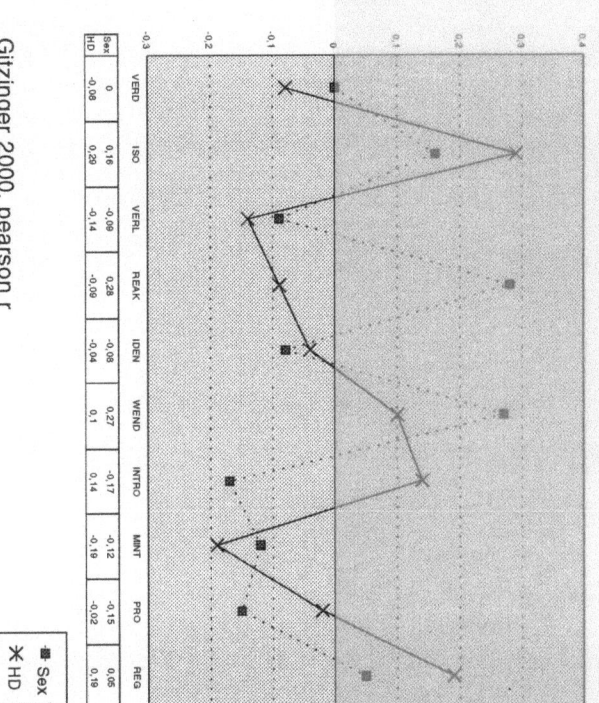

	VERD	ISO	VERL	REAK	IDEN	WEND	INTRO	MINT	PRO	REG
Sex	0	0,16	-0,09	0,28	-0,08	0,27	-0,17	-0,12	-0,15	0,05
HD	-0,08	0,20	-0,14	-0,09	-0,04	0,1	0,14	-0,19	-0,02	0,19

Gitzinger 2000, pearson r

■ Sex
✱ HD

25

Tabelle 8b t-Test: diagnostische Subgruppen*p=.01
pF=F; pt=t-Test (tx1-Aufnahme)

Abwehr	Gruppen					
	½		1/3		2/3	
	pF	Pt	pF	pt	pF	Pt
Verd	.03	.31	.19	.32	.00	.05*
Iso	.02	.67	.00	.04*	.00	.02*
Verl	.20	.31	.00	.02*	.00	.13
Reak	.93	.79	.00	.09	.00	.12
Iden	.70	.61	.00	.14	.00	.36
Wend	.00	.05*	.07	.60	.00	.23
Intro	.59	.08	.97	.75	.70	.08
Mint	.23	.02	.57	.29	.12	.53
Pro	.67	.69	.57	.62	.80	.83
Reg	.00	.16	.00	.25	.00	.54

Gruppe 1 =   allg. neurotische Symptome   N=43
Gruppe 2 =   depressiv/schizoide Symptome   N=57
Gruppe 3 =   psychosomatische Symptome   N=21

Abb.14: **Zuordnung der Abwehr nach Reifestufen**

Unreif	Reif	Ohne Zuordnung
Iso	Verd	Reg
Verl	Reak	
Intro	Iden	
Mint	Wend	
Pro		

Gitzinger 2000 (nach Hering 1998)

Abb.15a: **Abwehr nach Reife und Phasen N=111**

Reife	Abwehr	T(-) (x) N=55	T (+) (x) N=56	U-Test (p)
Unreif	Iso	76.38	128.21*	.014
Reif	Reak	46.87	75.45*	.004
	Iden	4.36	17.86*	.000
	Wend	5.44	7.86	.098

T(-) = ohne T-Phase
T(+) = mit T-Phase
*p=.05

Abb.15b:– **Abwehr nach Reife, Phase, Sex**

(Männer)				
Reife	Abwehr	T (–) x N=15	T(+) x N=14	U–Test (p)
Unreif	Verl	4.29	16.00	.059
Reif	Verd	94.64*	71.73	.012
	Reak	28.57	105.00**	.010
	Iden	1.43	21.33*	.034
	Wend	1.00	9.74*	.038
(Frauen)				
Reife	Abwehr	T (–) x N=41	T (+) x N=41	U–Test (p)
Unreif	Iso	69.29	117.07	.025
Reif	Reak	53.12	64.63	.076
	Iden	5.37	16.59**	.003

*p =.05
**p =.01

27

Abb.16a: **Abwehr, Reife, Diagnosen (nur weiblich)**

Reife	Abwehr	Eßstörungen	Andere Störungen	p
Unreif	Iso	188.00* (B)	89.35	.027
	Mint	143.00* (A)	127.64	.030
Reif	Wend	56.50* (A)	5.32	.015

*p= .05

Abb.16b: **Abwehr, Reife, Sex und Alter**
Korrelationen (tx1) (p)

Reife	Abwehr	Gesamt N=111	m:N=29	w:N=82
Unreif				
Reif	Verd		.452* (.014)	
	Iden	−.342** (.000)		−.374** (.001)
	Wend	−.195*(.040)		−.228* (.040)

*p   = .05
**p = .01

28

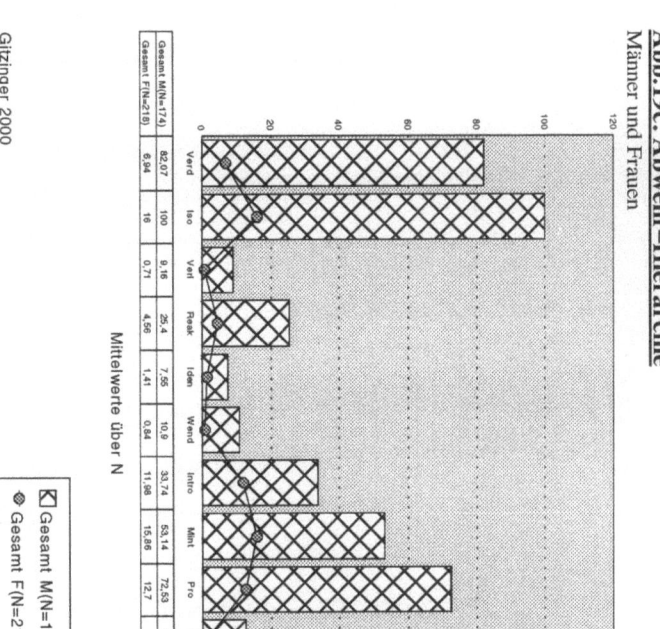

Abb.19c: Abwehr–Hierarchie

Männer und Frauen

Mittelwerte über N

	Verd	Iso	Veri	Reak	Iden	Wend	Intro	Ment	Pro	Reg
Gesamt M(N=174)	82.07	100	0.16	25.4	7.55	10.9	33.74	53.14	72.53	12.66
Gesamt F(N=218)	6.94	16	0.71	4.56	1.41	0.84	11.98	15.66	12.7	0.6

◩ Gesamt M(N=174)
◈ Gesamt F(N=218)

Glitzinger 2000

29

Mit P. Kierkegaards philosophischen Worten moechte ich diese Erinnerungen beenden: "Denken in Sätzen zu beschreiben ist schwierig, denn was ich zur Geltung bringen wollte, war gerade, dass Wahrheit nicht in Sätzen gelehrt werden könne, sondern eine Bewegung des Menschen in der Zeit ist". In diesen Zusammenhang gehören seine Kategorien „Augenblick", „Wiederholung" und „Sprung" sowie sein pseudonymer, provokanter und paradoxer Stil hierzu. Der ACT/DTM repräsentiert diese "Denkweise" auch heute noch hervorragend.

V. Eingschränktes Literaturverzeichnis
(ausführlicher jeweils dort und auch www.inezgitzinger.de)

1984, Gitzinger, I. et al. Abwehrmechanismen

1984, Ehlers und Czogalik, SBAK

1988, Gitzinger, I. Operationalisierung von Abwehrmechanismen DMT-SBAK-FPI-R

1989 Gitzinger I. Perceptual and Linguistic Coding of Defense Mechanisms in a Clinical Setting. Paper, 1st European Congress of Psychology, Amsterdam, 3. Juli 1989

1989 Gitzinger, I. und Prof. Mischo : Psychologische Diagnostik, TAT und DMT. Seminar des Studiums der Psychologie, *Sommersemester 1989*. Lehrstuhl für Diagnostik, Psychologisches Institut der Universität Freiburg (Prof. Mischo)/University of Freiburg i.Br., Germany

1990 (Gitzinger, I. 1990). Akzeptanz der Testdarbietung auf dem Computer, ppmp

1993, Gitzinger -Albrecht I. Mehrebenendiagnostik von Abwehrprozessen als eine Strategie der Psychotherapieforschung, Peter Lang Verlag

1994 Gitzinger-Albrecht I. Psychoanalytische Psychotherapieforschung. Themen-Vortrag im Psychoanalytisches Seminar (PSF-DPV), Freiburg i.Br.

1996 Gitzinger-Albrecht I. Defense-Construct and adequate instrument presentation. Clear results on DMT and SBAK. Paper, University College, London 14.8.1996

2000 Gitzinger-Albrecht, I. Die Diagnose der Abwehr, Studie2000. Unveroeffentlichtes Hbil-Manuskript, Universität Ulm

2004 Gitzinger-Albrecht, I. Kohortendesign-für die Studie2004 – Antrag an potentielle Geldgeber